허영만의 주식 타짜

| 일러두기 |

이 책은 《허영만의 주식 타짜》(2020)를 분권하여 만든 개정판입니다.

허영만의

주식 타짜

가치평가의 대가 백지윤
김철광

글·그림 허영만

가디언

타짜들에게는
비장의 무기가 있다

"타짜"란 본인의 노름 만화의 제목이다.
어떤 분야에서 발군의 실력을 가진 사람이라는 뜻인데
노름 타짜, 야구 타짜, 연애 타짜 등등 많은 타짜들이 있다.
여기에서는 주식 타짜를 다룰 것이다.

여의도의 주식시장에는 워낙 운용 규모가 커서
사방에서 알아주는 타짜도 있지만
곳곳에 숨어서 개인적인 투자를 하는 타짜들은
서로를 잘 알지 못하는 경우도 있다.
자타가 공인하는 타짜 몇몇의 인터뷰는 실패했다.
바깥세상에 노출되어야 이로울 것이 없다는 것이다.

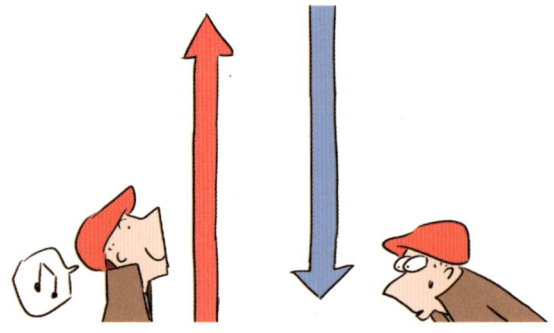

책으로 알게 됐거나 인터뷰가 가능했던
주식 타짜들의 스토리는 큰 줄기에서 비슷한 것들이 많다.
처음에는 잘나가다가 왕창 까먹고
한강에 한 번씩 갔다 와서 재기했다거나
혼란스러웠던 순간은 IMF와 9.11 테러 사건 때였다는
이야기 등이 어김없이 나온다.
그러나 그들은 그 어려웠던 순간을 기회로 삼았고
디딤돌을 마련했다.

다시 그런 순간이 온다면 우리도 그들처럼
주식으로 큰돈을 만질 수 있을 거라 생각할 수 있다.
하지만 그것은 쉽지 않다.
우리는 아직 준비되지 않은 맹탕들이기 때문이다.
어려움을 극복한 그들에게는 비장의 무기가 있었다.
그래서 우리도 기회가 왔을 때 놓치지 않도록
주식 타짜들의 투자 비법을 배워야 한다.
이것이 부자로 가는 길이다.

허영만

Cont

ents

허영만의

주식
타짜

가치 평가의 대가

1

4년 만에 10배 수익률, 수백억 자산가

백지윤

블래쉬자산운용 대표

삼성 창업자
故이병철 삼성 회장의
집에 가면
이런 글이 있다고 한다.

運 운	鈍 둔	勤 근
첫째, 운이 있어야 하고,	둘째, 우직하고 꾸준해야 하고,	셋째, 부지런해야 합니다.

공부를 엄청 잘했다거나
집이 부자였다거나
잡기에 능하다거나
그림을 잘 그린다거나

이런 재주가 많았으면
무슨 일을 하다가도
금방 때려치웠을 거예요.
자신 있는 재주가
또 있으니까.

그러나 성공 확률은 낮아요.
이런 말이 있어요.

'재주가 많으면 밥 굶는다.'

내가 하는 말인데?

제가 다른 데 한눈팔지 않고
주식을 20년 동안이나
계속했던 것은 다른 재주가
없었거든요.

또 내 얘기….
마누라가 나 보고 그랬어요.
'허영만은 만화 그리는 것 말고는
쓸모없는 인간이라고요.

제가 중학교 다닐 때
주식시장이 뜨거웠어요.

1988년 서울 올림픽 때쯤에
경제가 좋아져서 주가가 많이
뛰었을 때였다.

시골에서 땅 팔아서
주식한다고 할 정도로 난리였어요.

그때 아버지가
책을 읽고 계셨는데

좀 읽더니
그만두시는 거예요.

무심코 읽은 그 책이
너무 재미있더라고요.

이제
철들었나비여.

여보,
지윤이 공부하는
것 봐요.

아~ 주식투자란 것이
이런 것이구나!

그러나 투자할 돈이 없는
중학생이니까
그냥 넘어갈 수밖에 없었다.

22살 때부터 군 생활을 했는데,
그 나이에는 생각이 많다.

뭘 하면서 먹고살아야 할까,
결혼도 해야 하고 아기가 생기면….
어쨌든 돈이 많이 있어야 해.

98년에 제대해서
종잣돈 250만 원 가지고
주식을 시작했다.

대학생이 1개월 아르바이트하면
50만 원 정도 벌었으니까
250만 원이면 적은 돈이 아니었죠.

그 돈으로 주식투자를
시작했는데…

했는데?

흥?

망?

뭔지도 모르고 산
주식들이
오르기 시작했다.

그때 IT 붐이 불었던 것이다.

닷컴, 인터넷….
새로운 세상이 열린다.
PC로 연결해서
서로 대화하고
게임도 하고….

거의 이런 기분이었다.

학교도 안 가고 매일 PC방에서
프로그램 깐 다음에 매매를 했다.

다른 사람들 게임할 때
주식투자를 한 것이다.

250만 원이 8000만 원이 되었다.

좀 더 벌면
8억이 되고!

더 나가면
80억이 되겠구나!

난 역쉬
천재!

99년 후반에 코스닥 버블이 있었다.

땅 판 돈, 소 판 돈, 배 판 돈이
몰려들면서
묻지 마 투자판이었다.

TS에 매매 주문을 하면
1시간 후에 체결이 될 정도로
서버가 감당할 수 없었다.

미국에서 서버를 급히 사 와서
주문을 소화해야 할 정도였다.

주위에서 내 소문을 듣고
돈을 들고나와서 운용해주는 통장도
몇 개 생겼다.

그러나 마냥 오르막만
있을 수 있겠는가.

98년에 주식시장이 달아올랐다가
99년 말부터 식기 시작했다.

살짜기 내렸다가
팍 쌔리 올라가는 거여.
이런 것 한두 번 봤당가?

오메! 오메!
환장허게
자꾸 내려가네!

IT 버블이 꺼지기 시작했다.

100배 올랐던 회사의 주가가
반 토막, 반의반 토막, 반의반의반 토막.

남의 돈을 운용해주기
시작했을 때가 꼭지였었다.

돈 맡길 때는

손해 보더라도 암말 안 허께. 그냥 자네 허는 대로만 해주소.

손해났을 때는 말은 안 해도 당연히 본전 생각이 난다.

내 계좌에서 원금을 물어줬다.

잘하는 줄 알았드만 밥 없는 밥공기여.

미안합니다.

탈탈 털어주고 대출금이 빚으로 남아 있었다. 250만 원.

2500000

어머니가 카드 빚을 해결해주었다.

고맙…

첫 번째 실패였어요.

두 번째, 세 번째
실패가 또 있어요?

18년 전 군대 제대하고
25살 때 쓰린 경험을 한 것이다.

초년 성공은
망할 조짐이랴.

250만 원이 뼝튀기됐다가
아무것도 남지 않았다.

주식은 잊었으나
아무것도 손에
잡히지 않았다.

밥은 먹었냐?

학교는 갔다 왔다냐?

어디에
취직혈
생각이여?

젊디젊은 놈이
소금절이한 배추같이
축 늘어져서 엇다 쓰겄냐?
갈 길이 구만 리여
이놈아.

그렇다.
남은 인생 포기할 수 없었다.

매일 헬스클럽에 가서
2시간씩 운동했다.

몸이 만들어지니까
멘탈도 돌아왔다.

취직을 하자.

여러 가지 종류의 회사가 있는데
주식을 할 수 있는
증권회사를 택했다.

그때는 저처럼 학교도 안 가고
본격적으로 주식매매를 했던 사람이 별로 없었어요.
그런 경력 때문에 쉽게 취직이 됐죠.

그런데
문제가 있었다.

제가 남에게
아쉬운 말을
아주 못합니다.

영업은 얼굴이
두꺼워야
잘할 수 있는데
말이죠.

난 주식해서 까먹고선
손님에게는 주식하면
돈 번다고 얘기하는 것이
정말 힘들었어요.

그럼에도 회사에서 능력을 인정받아
연봉 1억 5000만 원을 받았다.

세금 내고 생활비 쓰고 나머지 돈으로
주식을 다시 시작했다.

그때는 증권회사 직원들도
자기 계좌를 트고
매매를 할 수 있었거든요.

그때는 시장이
어땠어요?

싼 주식들이
되게 많았어요.

지금 생각하면 쥐뿔도 없는 실력이었지만
당시에는 잘하는 줄 알았다.

월급을 모아서 투자했는데
종잣돈 3억을 만드는 데 시간이 걸렸다.

그러다가 2006년, 2007년에 장이 매우 좋았다.
순간 3억이 채워졌다.

2008년에는 3억, 4억, 8억, 10억으로 늘어나다가
금융 위기 직전에는 28억까지 늘어났다.

그때 처음 듣는 말들이 쏟아졌다.

미국의 부동산 회사가
망할 것이다.
프레디맥(Freddie
Mac Company)
모기지(mortgage) 회사가
어렵다.

괜찮다.
미국 정부에서
돈을 풀 텐데
뭐가 걱정이냐.

어떤 말이
맞을까?

금방 무슨 일이
있을라고?

욕심에 판단력이 흐려졌다.

28억을 잘 굴리면 50억이 될 것이고,

또 100억이 될 거야.

9월에는 미국 주식시장이 엄청나게 빠졌다.

한국도 추석 연휴 직후, 전 종목 하한가를 치면서 아수라장이 되어버렸다.

28억이 다 날아가고
달랑 3000만 원 남았다.

그때 너무너무
힘들었어요.

어허~
거의 1/100로
망가졌네.

제 능력 이상의
돈을 번 것이
화근이었죠.

거의 폐인이 되었다.

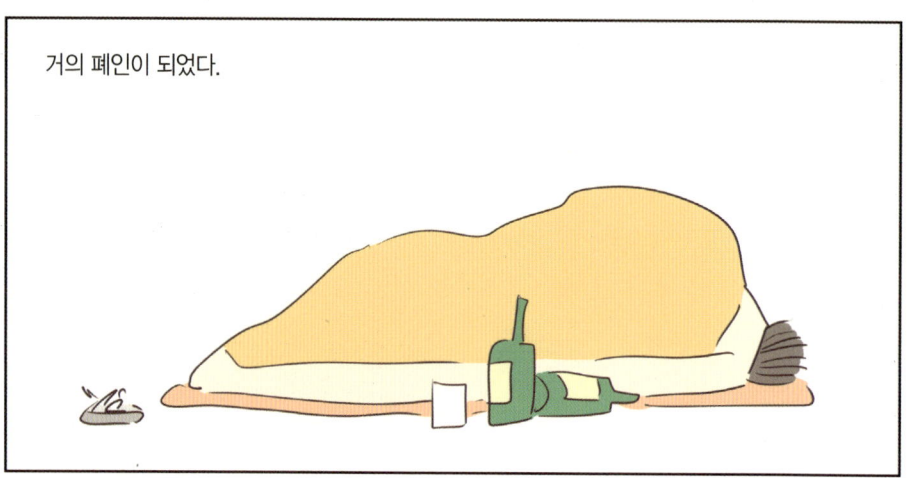

몸이 움직이지 않아서
조카의 돌잔치에도 참석 못했다.

처참한 패배자의 눈에 주식과 관계없는
일반인들이 눈에 들어왔다.

내 월급으로 가정 꾸리면서
저 사람들처럼 평범하게 사는 것도
좋지 않았을까?

소고기 먹을 것
돼지고기 먹고,

외제 차 대신
국산 차 탈 생각했으면
이런 시련이
없었을 텐데….

그런 후회를 했으면
단념했어야 했는데….

6, 7년 사이에
28억을 벌었으니깐
지금부터 남은 월급으로
주식하면 6, 7년 사이에
또 28억을 벌 수 있겠지!

2008년 금융 위기 이후에
장이 좋아지기 시작했다.

상장회사에 대해서
공부를 많이 했어요.

덕분에 가치 투자에 대해서
눈을 뜨기 시작했죠.

이병철 회장의
운, 둔, 근도 중요하지만
어떤 사람을 만나느냐도
매우 중요해!

내 능력에다가 다른 사람의 능력을 얹으면
훨씬 더 나아질 거야.

미수도 막 했다.
주식투자를 잘하는 선수들을 만나면서 많은 도움을 받았다.

이런 생각을 해.

기업 발굴은
이렇게 하고

이렇게
투자하는 거야.

주식에 대해 눈이 뜨이기 시작했다.

그럼 그릴 줄 안다고
다 만화가가 되는 것은
아니잖아요.

만화가는
될 수 있겠지만
성공 확률은
매우 낮지요.

연출을 알아야 하고
스토리 쓰는 방법을 배우고
데뷔 경로나 출판 경로도 알면
도움이 되겠지요.

정확히 짚어서
행보를 하면
길을 못 찾아서
방황하는 시간을
대폭 줄일 수 있고….

주식도 그렇더라고요.

혼자서 공부하면 깨달을 때까지
시간이 많이 걸려요.

주식매매에 대한 지식을 쌓기 전에
동물적 감각을 가져야
성공 확률이 높지 않을까요?

사고파는 데 동물적 감각이
있다는 전제하에
이런 얘기 하는 겁니다.

회사에 다니면서 주식을 계속해서
모은 돈이 23억 정도 있을 때 사표를 냈다.
14년 만에 혼자가 된 것이다.

2014년에는 100% 수익이 났고

2015년, 2016년, 2017년 계속 많은 수익을 냈다.

올해가 2019년이니까
3, 4년 전 일이네요?

예.

23억에서 200억 이상 번 것이
4, 5년 사이입니다.
그 사이에 10배 벌었어요.
중소형주가 장이
아주 좋았거든요.

어이구야 10배….
그래도 나는 만화만
그릴 거야.

비비고

2017년에 회사를 만들고 결혼도 했다.

블래쉬투자자문

결혼 전에 사람들에게
보여주기 위한
명함을 만들기 위해서
회사를 차린 것 아닌가요?

호호~
그것보다도 제가 평생 살면서
제 능력으로 어느 정도
성과를 낼 수 있을까에 대한
의문이 생겼어요.

담당 세무사가 말했다.

사업하는 사람들
중간에 망한 사람들 많아요.
벌어놓은 돈으로 편하게 살지
왜 그러는지 이해가 안 됩니다.

건물 사서 임대료 받고
골프 치고
해외여행하고,
그것이 전부라면
내 나이에 성취감을
느낄 수 없습니다.

각자 사는 방법이
다른 겁니다.

선생님은
더 일 안 하셔도 되는데
왜 만화를 계속 그리십니까?

나는 백 대표만큼
부자가 아니니까….

선생님도 부자시잖아요.

그럼 재산이
얼마나 더 늘면
만화 안 그리실 겁니까?

어마어마한 부자래도
만화는 그릴 거야.

백지에다
표현하고픈 걸 그려내는
행복이 있으니까.

내 만화를 기다리는
독자가 있으니까.

제가 회사를 만든 이유랑 같은 겁니다.
성취하기 위해서.

알았어요.
인터뷰를 계속합시다.

투자 금액이 적었던 초기에는
주식을 샀다가 주가가 쑥 오르면
팔고 나오고 했는데
어떤 주식은 시간이 지났는데도
움직이지 않고
그대로 있는 것이 있었어요.

성장을 못한 거죠.

그런 회사가
상당히 많습니다.

나중에 보유 금액이 커지면서
생각이 바뀌었다.

단기 투자보다 긴 호흡으로 시장을 내다봤다.

몇 개월, 1년, 혹은 10년, 20년
지속적 성장이 가능한 회사를 찾기 시작했다.

그래서 산 주식이 있다.

뭔데?

경영진도 양심적이고 회사도 관련 산업이 열리면서
계속 커질 것이란 확신이 생겼다.

이쪽 산업은 전 세계적으로
연 10% 이상씩 성장하는데
이 회사는 매년 30% 이상
성장하고 있었다.

게다가 이 회사는
글로벌하게 독보적인 기술력도 가지고 있었다.

그 회사 지분을 8% 확보했다.

지금은 작은 중소기업이지만
10년 후를 내다보고 투자한 것이다.

내 나이 72···
10년 후면 82···
투자해? 말아?

길게 내다본다고 모두 성공하진 않는다.
길게 내다본 탓에
헛방 날린 경우도 있었다.

GAME 날마다 빵

형, 이 게임 때문에 난리 났어요.
한 달 수익, 분기당 수익,
이걸 계산하면 지금 너무 싸다고요.

나도 그 게임이
히트한 줄
알고 있어.

많이 샀지?

아니.

왜?

게임의 유행은
굉장히 빠르게 변해.

지금은 지하철에서
이 게임만 할 정도로
파급력이 크지만
2년, 3년 후에도 그럴까?

이것이 돈이 되기 때문에
여기저기서 모바일 게임 만들려고 뛰어드는
회사들이 많잖아.

나중에 경쟁이 심해져서
어려워질 거라고 판단하고 투자를 하지 않았는데
사실 그 회사의 결과가 그렇게 됐었다.

나중에 어려워질 것이라고?   난 단기 투자는 안 해.
지금 들어갔다가
그 전에 빠지면 되지.

그 회사에 투자했던 사람들은
엄청 벌었다.

그때 그 주식을 샀었어야 했어요.

내 투자 아이디어는 맞았지만
돈을 번 것은
단기간 승부를 계산하고
그 주식을 산 사람들이었어요.

선수들도
눈이 안 보일 때가
있구면.

앞으로는
장기 투자도 갈 건데
중간에 주가가 폭등하면
매도할 거죠?

지분을 일부 줄일 수는 있어도
손을 털지는 않을 겁니다.
그 회사를 너무 좋게 보고 있으니까요.
아주 길게 갈 겁니다.

일반 소액 투자자들은
주식투자에 도움을 줄 만한
성공한 투자자들을 만나기 어려운데
어떡해야지요?

저희들은
주식투자 스터디 모임을
여럿 합니다.

그런 자리에서 선수들을 만날 수 있고
다른 쪽으로 알음알음 소개받을 수도 있다.

허영만도 주식 만화를 그리겠다고 작정했지만
누구를 만나야 할지 막연했다.

한참 전에 만나봤던 성필규 씨가 생각났다.
성필규 씨는 선물거래로
대박을 터뜨린 선수다.

그런데 이름도 생각 안 나고
깝깝해서
2년 전 것부터 명함을
뒤지기 시작했다.

나는 받은 명함을 버리지 않아요.
내 명함을 휴지통에 버린다고 하면
기분 좋을 리 없죠.

비슷한 명함을 찾았고
전화를 했다.

회장님 지금 안 계십니다.

그분에 대한 기억은
독특하게 새를 키우는 취미가 있다는 것뿐이었다.

회장님이 혹시
새를 많이
키우시지 않나요?

맞습니다.

그 후 성필규 씨를 두 번 만났는데
주식 만화 얘기를 했드만
소개해준 사람이 백지윤 대표였다.

백 대표를 통해서
스터디 그룹 멤버들도 알게 되었다.

그 덕분에 전작 〈3천만원〉과 〈6000만 원〉을
그릴 수 있었다.

주식매매는 인간 심리와 떼어놓을 수 없다.

1억으로 1000만 원을 벌었을 때
쾌감의 수치를 10이라고 한다면

1억으로 1000만 원을 깨먹었을 때
고통의 수치는 20이 된다.
두 배 크게 느끼는 것이다.

그래서 손실을 피하려는 심리가 크다.

주가가 조금 오르면 매도를 하는 이유가 그것이다.
손실의 고통을 만나기 싫어서다.

매도하고 나서도 계속 그 주가를 살핀다.
매도 때 금액보다 더 올랐으면 속이 뒤집힌다.

그래서 매수보다
매도가 훨씬 어렵다.

매도를 머뭇거리다가 타이밍을 놓쳐
큰 손실로 가기도 한다.

그래서 어쩌라고?

손실에 대한 두려움은
무지에서 나오는 겁니다.

투자한 회사에 대해서 잘 알지 못하는 무지.

주가가 가라앉을 때 반등할 수 있을까 없을까,
그 회사의 능력을 모르는 무지.

손실이 반의반 토막 날 때
빨리 팔지 못하는 이유.

기다렸으면 두 배, 세 배 먹었을 텐데
급히 팔아버리는 이유.

모두 회사에 대해 무지하기 때문이다.

가치 투자는 회사에 대해
공부를 많이 해야 가능하다.

수익이 나고 있을 때 기다릴 줄 알고
손실이 나고 있을 때 털어버려야 하는 이유를
공부를 통해서 알 수 있다.

백 대표는
레버리지•에 대해
어떻게 생각해요?

● 레버리지(Leverage)
차입 자본(부채)을 끌어다가
자산을 매입하는 투자 전략

레버리지는 한번 쓰면
자꾸 쓰게 됩니다.

눈에 보이는 곳에
몰빵하기 위해 레버리지가
필요하니까요.

레버리지는 독입니다, 독.

증권시장에서 레버리지 시장이
10조가 넘는다는데
아무리 쓰지 말라고 해도
말릴 수 없는 상황이죠?

레버리지를
어떻게 하면 쓰지 않고,
쓸 때는 어떻게 해야
제대로 쓰는지 말해주세요.

한 방으로 돈을 번 사람은
그 한 방의 매력을
떨치지 못하고 한 방,
또 한 방 하다가
빈털터리가 됩니다.

저도 2008년에 레버리지 안 썼으면
망하지 않았을 거예요.

2008년에 망하지 않았으면
지금보다 훨씬 많이
수익이 났을 겁니다.

××형도 2008년에
손실이 많았다 하지만
원금은 손실이 없었어요.
레버리지를 쓰지
않았기 때문이죠.

저도 레버리지를 잘 써서
수익이 많이 났는데
진짜 선수는 그런 것 안 쓰고
꾸준히 버는 사람인 거죠.

사람들이 '대박, 대박' 하지만 주식에 대박은 없어요.

그래서 저는 '대박'이란 말을 싫어합니다.

아주 가끔 대박 쳤다고 소문이 나는데 그 확률에 들어가기는 99.999999% 불가능합니다.

대박은 신기루다. 대박은 없는 것이다.

주식투자는 작게, 꾸준히 벌어야
세월이 지나면서 돈이 산더미같이 쌓인다.

이 계산은 틀렸다.

주식투자 10년 만에
100억 벌었대.

그럼 1년에
10억씩 벌었네!

1년에 10억씩 10년을 번 것이 아니고
7, 8년 고생하면서 견디다가
나머지 2년 동안 좋은 결과가 생긴 것이다.

주식투자는 눈덩이 굴리듯 해야 한다.
작은 눈덩이는 굴리면 점점 크게 변한다.

회사의 내막을
공부할 때는
소유주의 도덕성도 공부해야 한다.

처음에 주식 공모를 해서 외부 투자를 받는다.

사요~
사요~

그때만 투자자를 주주로 생각하고
그 이후로는 수익을 전부
소유주인 자신의 몫으로
생각하는 경우가 있다.

누구나 전자 공시에 들어가면
다 나와 있습니다.

더 궁금한 것이 있으면
회사 주식 담당에게 물어보면
답해줍니다.

매출액이 늘었는데
왜 그렇죠?

그런데 왜
이익은 줄었나요?

수익을 많이 내는 투자자들은
일반인이 모르는 정보를 알아내니까
그렇다고들 하는데….

절대 아닙니다.

일반 투자자들이 공부를 많이 하면
기관 투자자나 애널리스트보다 훨씬 많이 알 수 있다.

그들은 자신의 돈으로 투자하는 것이 아니고
회사에서 월급을 받으니까 세심하게 매달리지 않는다.
추천하는 종목이 빠져도 월급이 깎이지 않는다.

그룹 스터디를 하고 개인적으로
공부하는 투자자도 많은데
그들이 수익을 많이 내지 못하는 이유는?

그것은 많이 알아보지
않아서 그렇죠.

주식이 빠진 이유라든지, 실적이 꺾인 이유,
경쟁 회사랑 시장 전체를 견주었을 때 주가가 싼지 비싼지,
성장성은 확실한지까지도 체크해야 한다.

싸다고 봤는데 싸지 않은 경우가 많이 있으니까.

잘 안 풀리니까, 화가 나니까
앞이 잘 안 보일 때는 걸으세요.

격한 운동을 하면 힘들어서
아무 생각 못 합니다.

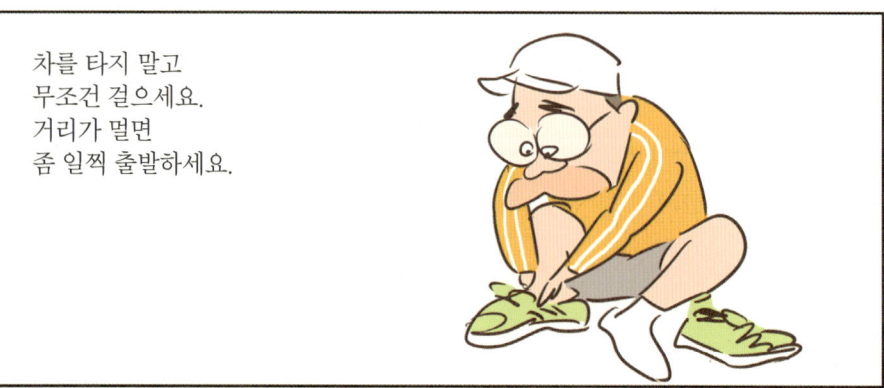

차를 타지 말고
무조건 걸으세요.
거리가 멀면
좀 일찍 출발하세요.

여의도에서 뚝섬까지
3시간 30분 걸은 적도 있습니다.

앞으로 어떻게 살지?
주식투자하다가 깨지면 어쩌지?
주식투자로 원하는 만큼 벌면
무엇이 달라질까?

걸으면 생각이 많아집니다.
잡념이 정리가 됩니다.
건강을 지키니 주식매매 때
올바른 판단을 합니다.

허영만의
주식타짜

가치 평가의 대가

2

고액 배당주, 펀드 투자 전문가
직장인 고수

★ 김철광 ★

김철광

바람의숲

저는 고향이
어디인지 모릅니다.

아버지가 경찰 공무원이어서
전국으로 전근 다니셨어요.

그러다 부산에서
나를 낳으셨지요.

그러면 부산이
고향이죠.

우리 할아버지가
노름하시다가
크게 날리셨대요.

아버지가 그걸 보고 충격받아서
일체 노름이란 걸 하지 못하게 했다.

집에서 고스톱도 못 치게 했다.

집에서 화투 만지면
나가서도 만져.

김철광은 취직 후
신용카드도 만들지 않았다.

신용카드는
낭비의 통로니깐.

그럼 맨날 현찰만 넣고
다녀요?

아닙니다.
현금카드는 있습니다.
ㅎㅎ~

제가 얼마 전에
카드 갱신하러 갔는데
은행 직원이
깜짝 놀라더라고요.

현금카드 하나밖에 없는 사람은
자기가 근무하면서 처음 봤답니다.

사실은 카드가
하나 더 있습니다.

무슨 카드?

교통카드요.

윽!

카드가 많은 사람은
일고여덟 개씩 갖고 있더라고요.

카드가 그렇게 많을 필요가 있나요?
나도 카드 하나뿐인데….

와이프가 여러 개의
카드를 갖고 있어서 물어봤어요.
그랬더니,

"카드 하나 발급받으면
할인이 되는 혜택이 있으니까
재미있어서. 호호."
하더라고요.

저는 그런 것 싫거든요.

카드가 많으면
그만큼 위험하고
낭비하기 쉬워요.

그래서 노름도 그렇고,
주식투자도 그렇고,
아예 관심이 없었어요.

그런 분이
왜 주식에 손대기
시작했어요?

직장에서 아주 친한 형님이
말했다.

철광아, 주식투자
한번 해봐.

그건 투기잖아요.
나는 싫습니다.

철광이는 교회 다니니까
성경에 '달란트 비교'라는 것이
있다는 걸 알지?

알죠.

그게 무슨 얘기지?

주인이 종 세 명을 불러다가
각각 1달란트, 2달란트, 5달란트를 주면서
잘 이용하라고 했다.

한참이 지난 후 종 세 명을 다시 불렀다.

내가 준 달란트를
어떻게 했지?

저는 쓰지 않고 땅에
묻어놔서
1달란트를
잘 지켰습니다.

저는 2달란트를
두 배밖에
불리지 못했어요.

저는 열심히 장사를 해서
5달란트를
이렇게 많이 불렸습니다.

주인은 1달란트를 불리지도 않고
그대로 갖고 있는 종을 야단쳤다.

하나님은 우리의 자산을 불려서
가장 가치 있는 일에 쓰라고 하셨다.
그런데 너는 아무 일도 안 한 것이다!
어리석은 놈!

우리나라는
점점 은행 금리가
박해져서
지금은 0.1%도
안 주잖아.

철광이가 은행에
돈 맡겨놓는 것은
그 종이 1달란트를
땅에 묻어놓는 것이랑
무슨 차이가 있지?

우리의 자산을 잘 굴려서
수익을 내는 것이
하나님 보기에도 합당한 일이잖아.

반박할 논리가 생각나지 않았다.

신앙생활을 같이 하던 선배가
그렇게 얘기하니까 할 말이 없었다.

어떻게 주식투자를 해야 하는지 물었다.

단기 매매 이런 것은
불가능하니까
배당주를 노리는 거야.
고배당주.

우리는 직장인이잖아.

연 배당 수익률이
8%, 10%.
이렇게 주는 회사들이
있다는 겁니다.

그렇게 많이 주는 데가
있어요?

10%씩 배당을 주는 회사가 있었고,
지금도 8%씩
주는 곳이 있어요.

1000만 원 맡기면
배당금으로
100만 원을!

그게 언제였어요?

2003년이었죠.

저는 다른 분들보다
늦게 시작했고
운용 자금도 적으니까
스스로 슈퍼 개미라고
하지 않습니다.

그냥 직장인
투자자죠.

2013년에 '맥쿼리인프라'라는
호주계 회사가 있었다.
서울–춘천 간 고속도로 같은 구조물의
운영권을 가진 회사였다.

예를 들면, 2조 원의 돈을 들고
우리나라에 와서
고속도로나 터널을 뚫어주고
통행료를 30년 동안 받아 가는 것이다.

그런 사업은 세금 혜택까지 있어서
다른 사업은 22~28% 세금을 낼 때
맥쿼리인프라는 11.1%밖에
내지 않았다.

게다가 고속도로 수입은
갑자기 줄어들 일이 없고
자동차가 계속 많아지니까
걱정할 일이 없다.

1년에 두 번 배당이 나왔습니다.
상반기 한 번,
하반기 한 번.

오, 보통 1년에
한 번 나오지 않나요?

하이골드8호라는
선박 펀드는
매달 배당금이
나옵니다.

매달?
매달 몇 %씩 나와요?

매달 1%씩이요.

선박 펀드인
하이골드8호와 하이골드12호,
이렇게 두 종목을 사놓으면
매달 배당금이 두 배가 나와요.

월급 받는 기분이겠어요.

분명 그런 회사가 있습니다.

그런데 투자자들은
매달 1%의 배당금에 만족하지 않는다.

하루에 3, 4% 벌 자신이 있다면서
이런 투자는 쳐다보지 않는다.

왜 그럴까?
1억 넣어두면 월 100만 원 나오고,
10억 넣어두면 월 1000만 원이 나오는데,
왜?

10억 가지고
1000만 원을 벌 수 있는
투자처는 없다.

건물을 사도
임대료가 그렇게 나오지 않고,
나온다손 치더라도
부가세, 소득세 등을 공제하면
턱도 없다.

에이리츠라는
부동산 펀드 회사가 있어요.

아파트를 분양해서
수익이 나면
수익금을
나눠주는 회사입니다.

2013년 10월에 착공해
2016년 4월에 준공되었는데요,
이 기간 동안
주당 총 1,587원의 배당금이
나왔습니다.
시가 배당 수익률이 31%였죠.

와!
누적 시가
배당 수익률 31%!

지금까지 여러 사람하고
이런 얘기 나눴는데
주식만 얘기했지
배당금 받고 펀드 얘기하는 사람들은
없었어요.

대부분 고위험·고수익을 추구하지만
저는 애초부터 저위험·적정 수익을 원하니까
직장 일도 열심히 할 수 있고
수익과 손실 때문에 속상할 일이 없습니다.

경춘고속도로 가다가 차 막히면 짜증 나잖아요.
그러나 나는 즐겁습니다.

하하하!
저것이 전부
돈이다!

맥쿼리인프라에 투자해서 재미를 보다가
결정적으로 수익이 크게 난 때가
2008년 미국발 서브프라임 모기지(Subprime mortgage) 사건이 터졌을 때였다.

나라가 망한다고 난리가 나면서
주가가 반 토막이 났는데
이 시장이 희한한 것이
매년 10%씩 배당금을 주는 회사가
주가가 반 토막이 나니깐
수익률이 20%가 되는 거예요.

주가가 6,000원일 때
배당금이 600원이면
시가 배당 수익률이 10%죠.

그런데 배당금을
그대로 600원을 주면서
주가가 3,000원으로 빠지니까
시가 배당 수익률이 20%로
두 배 증가하는 겁니다.

그래서 시중 금리가 5%라면
시가 배당 수익률 20%는
지속 불가능이거든요.

당시 은행 금리가 3, 4%였는데
1년에 13%, 14% 수익을 받을 수 있는
인프라 펀드가 이런 가격에 거래될 수가 없다고
철광은 판단했다.

빠지면 안 될 것이
빠졌다!

철광은 보수적 투자로 5000만 원을 굴리고 있었는데
투자금을 파격적으로 늘렸다.

나라가 망한다고 떠드는데
경춘고속도로에 자동차가 �ꝙ 차 있다.
그런데 주가가 왜 내려?

2008년도에는 투자자 대부분이
손해를 보고 주식을 팔았다.

전체 분위기가 하향세니까
맥쿼리인프라 같은 우량주도
일괄 매도해버리는 것이다.

동북아 27호, 28호, 29호, 30호*.
상장 선박 펀드가 있었는데,
각각 15만 4970데드웨이트(D/W)*급
유조선 한 척을 소유한 선박 펀드들이었다.

● 데드웨이트(dead weight, D/W)
선체와 설비, 기타 항해에 필요한 연료, 식료품 등을 제외한 적재 화물의 중량을 말한다. '재화 중량 톤수'라고
도 한다.

● 동북아27호선박투자회사, 동북아28호선박투자회사, 동북아29호선박투자회사, 동북아30호선박투자회사,
네 개의 상장 선박 펀드 회사들은 모두 보유 선박이 매각되어, 현재는 상장되어 있지 않다.

배 한 척의 가격이 4800만 달러라면,
선가(선박 가격)의 70%인 3360만 달러를
선순위 대출로 조달받고,
선가의 20%인 960만 달러는
주식시장에서 상장 선박 펀드로,
나머지 선가의 10%인 480만 달러는
용선 보증금으로 조달받아서
선박을 건조해 5년간 운영한다.

매각 당시 중고선가가 좋다면
원금뿐 아니라 시세 차익도 얻을 수 있고요,
만약 중고선가가 낮다면
원금 손실이 발생할 수도 있습니다.
그런데 당시 중고선가가 이례적으로 매우 좋아서
신조선가보다도 높은 상황이었습니다.

그럼 원금은
확보가 되는 거네요.

우리가 자동차를 산 뒤
5년 후 중고차 값을 예측할 수 있듯이
배 가격도 5년 후 얼마쯤 될지 짐작할 수 있다.

이 주식을 갖고 있던 주주들이
시장이 너무 안 좋으니까
중고 배 가격이
형편없이 떨어진 걸로 판단하고 매도했는데,
저는 반대로 생각했어요.

주식은 싸게 사서
비싸게 팔아야 하지만
이것은 그럴 필요가 없어요.
배당금이 꼬박꼬박 나오는 데다
중고선가가 높으면 시세 차익까지
얻을 수가 있으니까요.

맥쿼리인프라나
선박 펀드 같은 것은
직장인들이 투자하기
딱 좋아요.

왜냐면 선박 펀드를 사놓고
언제 판다는 것을 알고 있으니까
주가가 어떻게 움직이든
상관이 없거든요.

철광은 선박 펀드에서 수익을 많이 낸 뒤
전환사채˙나 신주인수권부사채˙에 투자했다.

● **전환사채(Convertible Bond, CB)**
일정한 조건에 따라 채권을 발행한 회사의
주식으로 전환할 수 있는 권리가 부여된
채권. 전환 전에는 사채로서의 확정 이자
를 받을 수 있고 전환 후에는 주식으로서
의 이익을 얻을 수 있는, 사채와 주식의 중
간 형태를 취한 채권이다.

● **신주인수권부사채(Bond with Warrant, BW)**
사채 발행 후, 일정 기간 내에 미리 약정된 가격(신주인
수가격)으로 당해 발행 회사에 일정한 수 또는 금액에
해당하는 신주의 교부를 청구할 수 있는 권리가 부여된
사채. 신주인수권의 분리 유통성 여부에 따라 분리형과
비분리형으로 나누어지고, 신주인수권의 행사 청구 방
법에 따라 현금 납입형과 대용 납입형으로 분리된다.

어떤 회사가 운영자금을 충당할 때
사채로도 조달할 수 있고 대출을 받을 수도 있다.

전환사채나 신주인수권부사채는
보통 3년 만기로 발생되는데,
3개월마다 약정된 쿠폰 금리를
12회에 걸쳐서 지급한 뒤,
마지막 회차에서는
만기 보장 수익률에 맞는 금리를 가산해서
원금과 함께 지급한다.

또한 전환사채나 신주인수권부사채는
보통 조기상환 청구권을 1년 6개월 뒤부터
행사 가능한데,
이 조기상환 청구권을 행사하면
예정된 이자와 함께 원금을 상환받을 수가 있다.

전환사채나 신주인수권부사채가 가장 매력적인 부분은
예정된 행사가보다 주가가 높게 형성이 되는 경우
주식으로 전환 신청이 가능하다는 것이다.
예컨대 행사가가 5,000원인 전환사채를 보유한 경우,
주가가 상승하여 행사가 5,000원 이상이 된다면
주가와 행사가 차액만큼이 모두 수익이 된다.

전부들 IMF 때라든지 금융 위기 때처럼
폭발 장이 없어서
요즘은 재미가
없다고 해요.

투자자들이
변화를
빨리 잡아내지 못해서
그렇다고 봅니다.

'트레바리'라고
들어보셨어요?

못 들어봤어요.

유료 독서 토론
모임입니다.

선생님은 그런 모임에
돈 내고 가겠어요?

책을 구입해서
집에서 보지,
그런 데 왜 가요?

그것도 상장된
건가요?

상장된 것이 아니고
일반 기업에서 하는
모임입니다.

그런데 참여하는 사람들이
엄청 많습니다.

연세가 있으신 분들은
여전히 옛날 방식으로
생활하고 있어서
모르시는 겁니다.

소비 패턴이 달라졌다.

음식은 식당에서
사 먹어야지.

귀찮게 식당에
왜 가요?
주문해서 먹지요.

Old
Genera-
tion

Market
Kurly

장사가 잘되는 구역에서도
장사가 잘되는 집이 있고,
장사가 안되는 집이 있죠.

인구 5000만 명이
갑자기 4000만 명으로
줄어드는 것은 아니지요.

5000만 명이 한꺼번에 갑자기
단식하는 것도 아니고요.

5000만 명이
갑자기 옷을
안 입는 것도 아니고,

술 마시던 5000만 명이
개과천선해서
술 안 마시고 물만
마시는 것도 아니죠.

소비 패턴이 오프라인에서
온라인으로 바뀐 것을
모르는 거예요.

작년에 크게 수익을 올린
에코마케팅이란 회사가 있다.

비디오나 유튜브에서
광고되는 물건을 판매하는 회사인데
실적이 계속 뛰고 있다.
이런 곳에 투자하면
계속 수익이 늘어난다.

에코마케팅은 주주가 소수이고 수익률이 좋은데,
만약 이런 회사에 투자하지 않고 주주가 수만 명인
수익률 나쁜 대형 유통 회사에 투자한다면
손해 보는 사람들이 많아질 것이다.

손해를 많이 본 많은 투자자가 시장이 안 좋다고 한마디씩 하면
그것이 전체 시장의 분위기가 되고 만다.
수익을 올리는 사람들이 분명히 있는데도 말이다.

만화 단행본이
안 팔려요.

만화 시장도 서점에 깔리는 만화책은
안 팔리지만 온라인 만화 쪽은
엄청나게 성장하고 있잖아요.

그러니까 화백님도
출판 만화만 고집하면
안 된다는 겁니다.

예수님도 1달란트를 지키기만
한 사람의 돈을 뺏어서
5달란트로 10달란트를 번 사람에게
줘버리잖아요.

잔인하지만
이것이 경제 논리입니다.

주식투자자들은 힘들다고 그 돈을 다 빼서
부동산 투자를 하거나 다른 곳에 투자하지 않는다.

손해 본 주식을 빼서
다른 주식에 넣고 만회하려고 한다.

시장의 심리는 9개 기업의 주가가 올라가지 못하더라도
한 개가 잘 나가면 그곳으로 돈이 쏠린다.

누구나 시장이 좋다는 때는
투자를 오히려 줄여야 할 때이고

힘들고 어렵다고 할 때가
적극적으로 투자를 해야
할 때입니다.

지금 어렵다고 하는데
언제는 좋았던 적
있었나요, 뭐.

ㅎㅎ 그렇죠.
다 좋았던 적은
없었죠.

처음 수영을 배울 때 구명조끼를 입고 하다가
물에 뜰 능력이 생기면 구명조끼를 벗고
30m 가다가
50m 가다가
100m 가죠.

그러다가
납 벨트를 허리에 달고
잠수도 하는데,
수영을 할 줄 모르는 사람에게
처음부터 납 벨트를 달아주고
물에 들어가라고 하면
죽으라는 얘기잖아요.

주식투자도 마찬가지라고 봅니다.
차근차근 배워나가고 경험해나가야죠.

30m 가다가 안 되면
다시 훈련해서
재도전할 수 있지만

납 벨트 달듯이
수억을 투자해서 깨지면
재도전은 꿈도 못 꾸는 거죠.
완전히 깨져버린다고요.

주식투자는
지적인 모험입니다.

어떤 회사를 놓고
회사의 장래에 대해
시나리오를 짠다.

그것이 딱 맞아떨어졌을 때
쾌감은 짜릿하다.

거기에다 큰 수익까지 얻으니
비길 곳 없는 모험이다.

시나리오가 맞았을 때는 대박 나고,
시나리오가 틀렸어도 크게 손해를 보지 않는
투자를 해야 합니다.

얼마 전에 헌법 재판관에 임명되었던 분 남편이
주식투자로 돈을 많이 벌었다고 시끄러웠다.

그분이 이테크건설에
투자했는데
저도 이테크 쪽
많이 했었어요.
유명한 가치주였죠.

배당 받아가면서 정당하게 투자한 건데
부정 축재나 한 것처럼 시끄러웠죠.

공무원들은
다 가난해야 하나요?

열심히 본업에 충실하면서
배당 투자를 한 것인데
왜 문제가 된다는 거죠?

4, 5년간 고배당 종목 투자,
인프라 펀드 투자, 선박 펀드 투자 등을 했을 때는
구명조끼를 걸치고 안전한 투자를 했을 때고,
2009년 이후부터는
매출액이 증가하는 기업들을 골라
투자하기 시작했다.

김철광의 본업은 사업하다가
문제가 발생하는 일들에 대하여
뒷수습하는 것이다.

그러다 보니 사람을 대할 때
부정적인 생각밖에 들지 않았다.

저놈이 나한테
사기 치려고 이러나?
넌 사업하면
분명히 망할 거다.
보여, 보인다고.

그러다
주식투자를 하니까
미래를 상상하면서
인생관이 확 달라졌다.

최근 풀무원에서 만든 만두가
잘 팔리고 있다는 것을 알았다.

손님들이
이 만두만
찾아요.

왜 그래요?

요즘 살찌는 걸
싫어해서
탄수화물을
기피하거든요.
만두피가
탄수화물이잖아요.

그래서
두꺼운 만두피로
만든 만두보다
얇은 만두피로 만든
풀무원 만두를
사는 거죠.

풀무원
돈 많이
벌었겠다!

검색해보니까
얇은 피 만두가
7일 만에
50만 봉이나 팔린 것이다.

그래서 마트 가서 사진 찍어서
주식투자 동아리 모임 할 때 얘기해봤다.

이거 대박 쳤어.
한번 알아보자.

그래?

만두피 하나 가지고
주가가 왔다 갔다 해요?

허니버터칩 하나로
크라운제과 주가가
크게 오른 거랑 같죠.

손님이 북적대고 매출이 늘면
주가가 빠지는 일이 없다.

영업이익은 나중이고
매출 커지는 것이
중요하다?

그렇죠.

영업이익을 내려면
판매관리비를 낮추어야 하고
광고비를 줄이면 광고비만큼
영업이익이 생긴다.

회사가 100억을 건물이나 자동차를 구매하는 데 사용한다면 오래 남는데,
100억을 TV 광고 등에 사용한다면
광고 시간이 훅 지나가고 나면 날리는 것이나 다름없다.

그런데
F&F는
광고비를
엄청 쏟아붓고
있는 겁니다.

중소기업이 그 정도로 광고비를 쓴다는 것은 둘 중 하나다.

그 회사 사장이
미쳤거나,

확실한
아이템이
있거나.

인기 모델을 앞세워 만든 영상물을
강하게 밀어붙여 이미지를 확실히 부각시키고,
각인된 이미지가 매출로 이어진다면
그 후 광고비를 지출 안 하는 만큼 이익이 잡힌다.

작년에는 광고비 지출 때문에 수익이 안 났는데,
올해는 광고비 지출이 없어도 매출과 마진이 늘었다.

그럴 때 투자한다는
말이죠?

ㅎㅎㅎ

시장을 눈여겨봐야 한다.

우리 때는 시간 나면 당구장에 갔지만
요즘 아이들은 당구장 안 가고
컴퓨터를 끼고 살지요.
그걸 모르고 당구장 열면 힘들어져요.

아이들이 학교 과제를
키네마스터라는 툴(tool)로
만들고 있으니까
그쪽 주식을 살 수도 있고
아프리카TV 주식을 살 수도 있죠.

아들은
어떤 게임을 좋아하나
눈여겨보고,

딸은 어떤 화장품을
좋아하나도 보고.

화장품!

요즘 초등학생들도
화장하잖아요.

그러면 화장품
관계 회사 주가가
높아야 하는데
그렇지 않은 것은
왜 그래요?

주가를 보기 전에
그 회사의 매출이
늘고 있는지
줄고 있는지를
봐야 합니다.

어떤 화장품이 제일 인기가 있는지….

매출이 늘었는데 주가가 빠지는 것도 무슨 이유가 있는지….

아, 이 회사는 매출이 15% 줄었네요. 성장을 못하고 있다는 것이지요.

우리가 가게를 인수할 때도 맨 먼저 물어보는 것이 3개월 정도의 매상 이거든요.

그때 인건비, 가겟세 등등을 따져보고 현재 주인이 무엇 때문에 가게를 매물로 내놨는지 살펴봐야죠.

전에는 이민 가니까 가게 판다고 했는데 요즘은 뭐라고 하나?

김철광 씨는 직장에 매일
출근하잖아요.

그럼 매매는
언제 해요?

매매는
잘 안 합니다.

고배당주는
매매 자체가 필요 없고

지금 투자하고 있는 주식들도
분기별로 한 번 정도
실적이 바뀌니까
자주 매매할 필요가 없습니다.

그래도 변수가
갑자기 생겨서
꼭 매매를 해야
할 때가 있을 텐데?

그럴 때는 점심시간에 창고 같은 데에 가서
가끔 매매를 합니다.

사이트에 올릴 글도
자주 써야 할 텐데?

그건 주말에 씁니다.

아니, 그러니까
매매를 안 하는데
쓸 글이 있냐고요.

매매는 안 하지만
생각은 계속하죠.

회사에서는
김철광이 주식할 거라고
생각하는 사람
한 명도 없을 겁니다.

휴대전화에는 주식 앱 자체가 없고
주식거래를 하는 걸 본 사람도 없고
평소에도 주식 얘기한 적이 없고
누가 주식 얘기해도 관심도 두지 않는다.

전업 투자하면서
주식투자하는 친구가 있는데
CJ CGV에서 VVIP 초대권이 왔대요.

전업 투자하면서
영화를 얼마나 많이 봤길래?

영화관에서
1년에 250편
본답니다.

3일에
두 편 본다는 말인가?

그 친구는 장중 주가를
보지 않기 위해서
장이 열리는 시간에
영화관에 가서
영화를 본답니다.

계속 주가를
보고 있으면
뇌동 매매를 할
확률이 높아지니까요.

그럼, 뇌동 매매를 하지
않기 위해서
직장 생활을 하고 있다는
것인가요?

ㅎㅎ 그렇죠.
장중 뇌동 매매를 막기 위해서
영화관으로 가는 친구도 있는데,
저는 직장 생활에 집중하면서
뇌동 매매도 막고 월급도 받고
좋지 않습니까?

4전 5기 홍수환 세계 챔피언의 어머니는
아들이 권투 하는 걸 한 번도 본 적이 없다.

아들이 두들겨 맞는 것을
차마 눈 뜨고 못 보겠다는 것이다.

권투는 한 대도 맞지 않고
이길 수 없다.

많이 맞아도 안 쓰러질 맷집이 있어야 하고
더 많이 패서 이기는 것이 권투다.

주식투자도 백전백승해서
수익을 내는 것이 아니라
100종목 투자해서
40종목 손해 보고
60종목 수익 내면
돈을 버는 것이다.

1년과 2주일의 시간을 생각 안 하는 것이다.
투자는 '시간'이라는 개념이 반드시 들어가야 한다.
시간, 즉, '시차 보상'*이라는 개념을 무시하면
'팔면 날아가고 사면 떨어지는 일'이 반복된다.

난 왜 엿 같은 종목 사서
손해 보는 걸까?

● 시차 보상

투자 수익은 위험 보상과 시차 보상으로 구성되어 있다. 위험 보상은 '현재의 확실한 소비에 대한 보상으로 기대하는 미래의 불확실한 이득'이라고 정의할 수 있다. 미래 투자 수익은 기대했던 것만큼 실현되지 않을 가능성이 얼마든지 있다. 이런 위험을 정확하게 인식한 뒤 투자를 한다면 두려울 게 없을 것이다. 투자 수익은 위험을 감수한 보상으로서 돌아오는 것이다.

시차 보상은 '일정한 시간적 틀 안에서 얻는 수익'라고 할 수 있다. 투자는 현재(오늘) 시점에 발생하고, 투자 수익은 미래(내일)의 어느 시점에 발생하는 것이다. 투자란 미래의 더 큰 이득을 위해 현재의 소비 일부를 희생(유보 또는 연기)하는 것이다.

따라서 투자는 어느 정도 투자 예정 기간을 정해놓고, 그 시간까지는 반듯한 생각과 뚝심 있는 원칙을 일관되게 지켜나갈 필요가 있다. 내가 투자한 주식이나 채권이 단지 시장 가격이 떨어졌다는 이유만으로 불안해하고 잠 못 이룬다면, 투자를 잠시 멈추고 자신이 가지고 있는 투자 철학과 원칙이 무엇인지를 곰곰이 생각해볼 필요가 있다.

투자는 아침에 투자해서 당일 오후에 회수하는 것은 상상할 수 없는 일이고, 단 며칠에서 몇 주 만에 회수한다는 것은 더더구나 일어날 수 없는 일임이 분명하다.

투자는 투자자 자신이 가진 철학과 원칙, 소신이 무엇인지, 그리고 그 철학과 원칙, 소신을 얼마만큼 일관성 있게 지켜나갈 수 있는지 등과 관련된 문제이며 이런 자신의 소신을 시험하는 장이 주식시장이다. 투자자는 변동성을 지닌 주식시장을 자신의 원칙과 철학을 올곧게 버티어나가는 연습의 장으로 맞서야 할 것이다.

주가가 빠졌으면 왜 빠졌나를 연구하고
더 살 여지가 있으면 큰 수익으로 연결된다.

축구 경기에 훌리건이 있다.
응원하는 팀이 지면 난리굿이다.

주식시장에도 훌리건이 있다.

주식을 정말 잘하려면
내가 산 주식이
내 마음대로
움직이지 않더라도
믿고 기다릴 수 있는
근거가 있어야 한다.

날씨가 뜨거우니
음료수가 잘 팔릴 거야.

언젠가
비는 온다!

단타를 많이 하는
사람들은 왜 그래요?

단타를 많이 치는 사람들은
주식시장에서 장기 보유로
상처를 많이 받은 사람들입니다.

나?

하응

장기 보유로 수익을 내지 못했지만,
본전 생각에 주식시장을 떠나지도 못하고,
단기간에 원금을 회복하겠다는 사람들이죠.

아니거든!

장기 보유로
돈을 크게 번 사람들은
단타를 아무리 부추겨도
단타 안 합니다.

이 사람은 어때요?
하웅 씨는 단타로
작년 수익 550%였거든요.

그분은 대단히 특수한 경우고요.
단타는 직장인이 할 수 없습니다.

직장도 잘리고
주식도 손실 날 겁니다.

제가 나가는 가치 투자 모임이 있는데,
처음 시작할 때에는
모두 직장을 다니면서 주식 하는
부업 투자자 모임이었어요.

그런데 지금은 두 명 빼고
전부 전업 투자자로 바뀌었다.
돈을 충분히 벌어서
직장에 다닐 필요가 없게 된 것이다.

30억 정도는 리츠(REITs)나 고배당주로 구성하는 인컴 펀드(income fund) 포트폴리오를 만들고, 나머지 20억으로는 직접투자를 합니다.

30억 인컴 펀드에서 배당수익률 8%만 나와도, 연간 2.4억의 배당금이 나옵니다. 사는 데 전혀 지장 없지요.

헉! 그러네!

저도 과거에 단타로 돈을 벌어보고자 시도해본 적은 있었습니다.

어떤 사람은 단타를 해서 돈을 많이 번다는데 나도 해보자!

근무 중에 단타 치면 싸대기 맞으니까 2003년 여름휴가 때 이틀간 단타를 해봤다.

왜 사는지도 모르고 왜 파는지도 모르면서
시세 변동 폭에 따라서 매수·매도를 반복했다.

한 종목을 하루에 12번 사고팔았다.
근데 시가와 종가가 똑같았다.
결과적으로 나는 단타로 손실을 입었다.
그해 여름휴가 때의 단타 투자 실패 이후
단타 투자는 포기했다.
단타로는 수익을 낼 수 없다는 것을 절감했고,
직장인은 주식투자로는
돈을 벌 수 없다는 점을 깨달았다.

당구장만
돈 벌게
해줬구만.

그다음 해 1월, 직장인 주식투자자로서는 매우 큰 충격적인 사건이 있었다.

김 형, 오늘 퇴근하고 뭐해?
내 방에 좀 와줄래?

고위 공직자는 재산 등록을
해야 하잖아.

예, 국장님.

등록할 것이 너무 많아서
도와주면 좋겠어.
이런 분석에 약해.

재산 등록 방법은
부동산등기부등본, 자동차등록원부,
은행이나 증권사의 잔고증명서 등을
재산 등록 프로그램에 입력하는 것이었다.

아파트나 자동차는 신고가 간단하지만
나머지는 전부 주식이었다.

처음 입력할 때에는
작년 대비 자산이 얼마나 늘어났는지 몰랐는데,
모두 입력하고 나서 검산을 해보니,
놀랍게도 1년 동안 자산이 13억이나 늘어나 있었고,
그 13억은 대부분 주식 평가이익이었다.
다른 친구들이 이런 이야기를 했다면 믿지 않았겠지만,
난 증권사에서 공식적으로 발행한 잔고증명서를 통해서
정확하게 그 금액을 모두 확인했다.
엄청난 충격이었다.

그 국장님은 단 한 번도 주식 얘기를 한 적이 없었다.
설마 그 국장님이 이렇게 큰 금액을 운용하실까,
우리 직장 내에서 그 누구도 감히 상상조차 할 수 없는
그런 스타일의 국장님이었다.
그 국장님은 오로지 일만 열정적으로 하시는 분이었고,
업무가 끝난 뒤 회식 자리에서도 늘 일 이야기만 하셨던 분이었다.

김 형, 다른 데 가서
이 얘기하지 말아줘.

우리는 서로 주식을 하는 줄
모르고 있었던 것이다.

음골 대 음골

그 국장님을 보고 크게 감명받았다.

진짜 고수는
조용히 자기 일 해가면서
매년 13억씩 벌어들이는구나!

주식 얼마 하지도 않은 사람들이
'벌었네, 망했네' 떠벌리고,
많이 벌었다고 해외여행 가는 사람들은
기껏 몇천만 원 벌고서
요란 떠는 것이다.

이후 나도 국장님처럼 회사 내에서는
철저하게 주식투자를 한다는 사실을 숨긴 채 업무에만 집중했다.
근무시간 중에는 철저하게 주가 조회도 하지 않았고,
어쩌다가 주식 이야기를 동료들이 해도
난 전혀 모르는 사람처럼 행동하면서
조용히 장기 가치 투자를 했다.
그러자 그렇게 나오지 않았던 투자 수익이 쌓이기 시작했다.
그리고 마침내 서울 지역 아파트까지
여유 있게 구입할 수 있을 만큼 자산이 쌓였다.
아파트를 구입하자, 다른 동료들이 묻기 시작했다.
어떻게 아파트를 구입할 수 있었는지 말이다.

형님 집 샀다면서요?
무슨 돈으로 샀어요?

나는 회사 내에서는 어느 누구에게도
주식투자 사실을 밝히지 않았지만,
그 동생은 내가 믿는 동생이라서
그 동생에게만 사실을 얘기해줬다.

주식해서
벌었어.

얼마 안 있다가 그 얘기가 거꾸로 내게 들려왔다.
뒤에서 흠잡는 얘기들이었다.

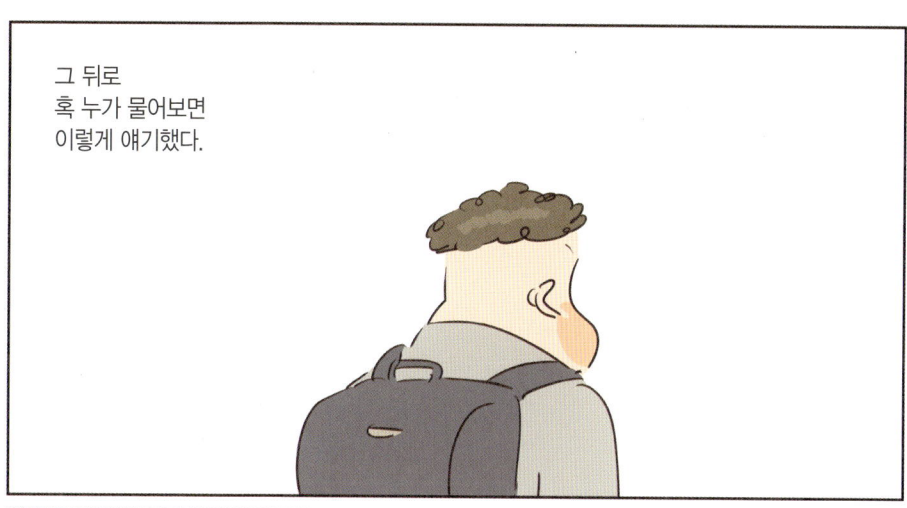

그 뒤로
혹 누가 물어보면
이렇게 얘기했다.

최근에 쫄딱 망했어.

망한 것은
확인 못 하니까.

단타나 장중 매매를 하지 않게 된 것은
대학 때 굉장히 친했던 선배랑
이런 일이 있었기 때문이다.

대학 2년선배
겸 같은직장
2년선배

그 선배가 같은 직장,
같은 부서의 직속 상사로 왔다.

철광아,
이 일 좀 해라.

예.

당시는 주식투자 초기라,
장중 주가를 간혹 보기도 했다.

철광아,
나를 따라와.

그 형님은 철광에게
"너와 내가 단지 직장에서 처음 맺은 인연이라면
이렇게 하지 않았을 것이다"라며,
"너와 나는 학교에서 한 번,
직장에서 또 한 번 두 번 맺은 인연이라,
이런 너의 행동이 얼마나 심각한 문제인지를
각인시켜주고 싶었다"라고 설명하며,
"퇴근하고 소주 한잔하자"라고 하였다.
그리고 술자리에서
철광에게 매우 감명 깊은 이야기를 해주었다.

직장에서는 선배들이 후배들을
이끌어주면서 함께 성장하는 거야!

지금 너의 선배들이
나중에 높은 위치에 오르면
그때 함께 일할 친구를 찾게 돼.

그런데 근무 시간 중에
딴짓하는 친구라면
나라도 그런 친구를 쓰지 않아!

직장 내에서 크게 쓰이는 인재가 되었으면 하는 선배의 충고에
철광은 큰 감명을 받았다.
이후 철광은 직장 동료들이 볼 수 있는 환경에서는
절대 주가를 조회하지 않았고,
은밀하게 투자하기 시작했다.

이후 철광은 장기 가치 투자를 지향하면서,
기업의 성장에 동참하는 투자를 했다.
하지만 그렇다고 손실이 전혀 나지 않는 것은 아니었다.
대충 계산해서 오판한 사례도 있었다.

삼광글라스라고
소주병, 맥주병을 만드는 회사에 주목하고 매수했다.

술은 병에 넣어서 파니까
이 회사 괜찮겠다.

더구나 병은 썩지도 않으니
하자가 생길 이유도 없잖아.

그러나

아차!

요즘 젊은 세대는 병맥주를 안 마시고
캔맥주를 마신다는 것을 생각하지 못했다.
또 하우스 맥주를 마시니
맥주병의 수요가 저조했다.

와인은 생산지에서 병에 넣어
들어오는 것이어서 관계없고

기껏 소주병 정도의 수요만 있었다.

외부 회계 감사인이 감사 과정에서
회사에 재고가 엄청나게
쌓여 있는 것을 발견했다.

안 팔리는데
왜 만든 겁니까?

그게….

유리는 모래 속의 규소를 녹여서 만든다.

병이 안 팔린다고 고로를 멈춰버리면
재가동할 때 비용이 엄청나니까
울며 겨자 먹기 식으로
공장을 돌리고 있었다.

2018년 3월 29일,
외부감사는 쌓여 있는 병에 대한
재고자산 폐기 문제로
'한정' 의견*을 제출했고,
이로 인하여 주가는 30% 이상 급락했다.

● 한정 의견
회사의 재무제표가 전반적으로 회계기준에 따라 표시되었으나, 일부 맞지 않는 부분이 있다는 뜻

현재 이 회사는
강화유리 밀폐 용기 매출을 높이는 방향으로
실적 반전을 모색하고 있다.

주주총회에 참석해보면,
개인 주주는 몇 명 안 된다.

그 회사 주식을 7, 8억어치 갖고 있거나

장기 보유한 주주가 많다는 것이다.
지금 경영진의 선대가 경영할 때부터
20~30년을 보유한 주주도 있다.

그 회사의 비즈니스 모델에 대한 탁월한 안목을 가진 경우도 많다.
매년 주주총회에 참석한다는 것은 주가가 아닌
사업 자체에 관심이 많다는 것이기 때문이다.

이러한 특징들을 가진 개인 주주들은
보통 수 명에서, 많아도 20~30명이 넘는 경우가 드물다.

철광은 주주총회에 참석하면
가급적 이러한 개인 주주들의 휴대전화번호를
입수하기 위해 노력한다.

이들은 엄청난 자산가거나
이 회사에 대한 정보가 많기 때문에
주가가 급등하거나 급락할 경우
회사보다 이들에게 물어보면
사정을 금방 알 수 있다.

주식투자를 하다 보면,
솔직한 IR* 담당자를
만나는 경우도 있다.

● IR(investor relations)
투자자 관계, 또는 기업
설명 활동. 기업이 자본
시장에서 정당한 평가를
얻기 위하여 주식 및 사
채 투자자들을 대상으로
실시하는 홍보 활동

회사의 실적에 대해 강도 높게 추궁을 하던 중이었다.

올해 3분기 실적이 전 분기 대비해서도,
전년 동기 대비해서도
왜 이토록 악화가 된 것입니까?

나가서
소주 한잔합시다.

뜻밖의 제안이었다. IR 담당자가 소주 한잔을 제안하는 경우는 드물다.
IR 담당자는 회사 내부 사정에 대해서 진술하게 이야기했다.

이번 3분기 실적이 잘 안 나왔는데 연간으로 실적을 봐주세요.
주식투자자는 분기별로 실적이 나오니깐 분기 실적에 민감하지만,
회사 경영진은 연간 단위로 매출을 계획하고
그것을 실행해나가지 않습니까.
이번 3분기 실적은 이미 수주받은 물량에 대한 결재일이
4분기로 연기되면서 미스가 난 것이지,
연간으로 보면 전년 대비 성장을 할 수 있을 겁니다.

저기 저희 회사 본사
건물을 보세요.

본사 건물입니다.
지금 9시인데
직원들은 퇴근하지 않고
일하고 있습니다.

거래처 사장님들은
벤츠 타고 다니는데
우리 사장님은
지하철 타고 다니십니다.

절대 긴장 풀지 않고
외길만 달리고 있으니까
우리를 믿어주세요.

그 회사의 진정성을 믿지 않을 수 없었다.

모든 회사 IR 담당자들이 이렇게 진솔하고 진정성이 있는 것은 아니다.

어떤 곳을 방문하면 대표이사나
CFO°가 직접 나와서 맞이하는 경우도 있다.

● CFO (Chief
Financial Officer)
최고 재무관리자. 회
사의 자금 부분 전체
일을 총괄한다.

그런 경우는 위험한 경우가 많았다.

일반 투자자를 만나기 위해 대표이사나 CFO가 직접 나왔다는 것은
회사 상태가 매우 안 좋다는 증거다.

본업보다 딴 곳에 신경 쓰고 있다는 징조다.

12년 전에 5000만 원으로 시작해서
공개했다는 계좌는 지금은 얼마 됐어요?

20배 넘게 벌었죠.

20배 넘겼다면…
10억은 넘었구만.

아내가 휴직을 많이 했어요.
애들 국영수 과외는 기본이고,
수영 과외 보내고
줄넘기 과외까지 시켰죠.

ㅎㅎ 줄넘기?
별의별 과외가
다 있구먼.

작년에 가족들이랑 비즈니스 클래스 타고
몰디브에 여행 갔죠. 6성급 호텔에서 자고….

그 얘기가 회사에 흘러들어 가서
소문이 퍼졌는데…

김철광은
상속받은 것이
많다!

우리 월급으로는
절대 할 수 없는 여행을 했으니
부모 잘 만나서 그렇다는 거죠.

ㅎㅎ

대꾸도 안 하고 그냥 넘겼다.

진짜 부자는 저렇다니까.
티를 안 내잖아.

지하철

너무 젊은 나이에 주식으로 큰 돈을 번 친구들 중에는
다니던 직장이 우습게 보여서 직장을 그만두고
방탕하게 사는 친구도 있다.

으아아암

주식 해서 번 돈으로 책을 잔뜩 사서
높은 책장에 꽂아놓고 자랑하다가
6개월 후에는 자랑할 사람이 없어서
책을 버린 사람도 있다.

갑자기 떼돈을 벌면
하고 싶은 것 다 할 수 있지만
옆에서 바라보는 사람들은
그 사람을 천박하게 보더라구요.

품격 없는 놈.

돈이 많아도
제대로 쓰지 않으면
품격이 없어 보이죠.

주식으로 1,000억을 벌었다는 사람과
만난 적이 있다.

어떻게 1,000억씩
벌었어요?

단체 급식을 제공하는 회사들 중에는
대기업 계열사도 있고, 중소 자영업자들도 있다.

대기업 계열사 업체들은
보통 3,000명 이상 대규모 사업장과 거래를 한다.

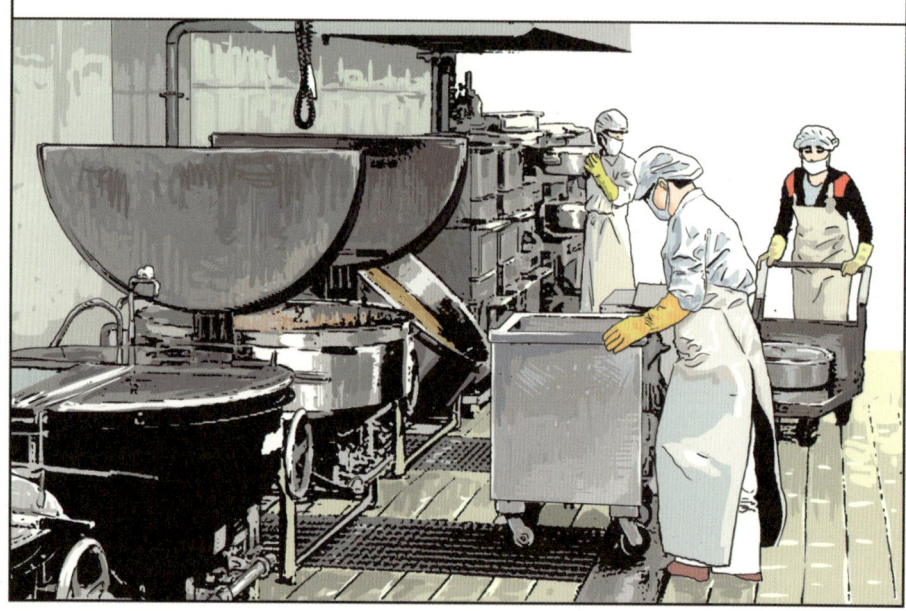

중소 자영업자들은 3,000명 이하의 소규모 사업장을 주로 운영하고 있었는데,
대기업 계열사 업체들은 이들의 영업권을 인수하고자 노력했지만 쉽지 않았다.
소규모 업체들의 수익성이 좋았기 때문이다.

회사 팔아라.
잘해줄게.

딴 데 가서
알아보셔.

그러다가 벼락이 떨어졌다.

주 52시간제는 점심과 저녁 1일 2회 제공했던 급식을
점심만 제공하는 1일 1회 급식으로 바꾸었고,
이것은 매출액 급감으로 이어졌다.
여기에 최저 임금 인상은
비용 상승 효과로 나타났다.
결국 수익이 극적으로 악화되어 구조적 적자로 바뀌면서
중소 자영업자들은 단체 급식 사업장을 유지할 재간이 없게 되었다.

전에 우리 사업권
인수하겠다고 했죠?

아뇨.

갑과 을이 을과 갑으로 상황이 급변했다.

했잖아요.
싸게 넘길 테니 사줘요.

반값으로 넘겨.

대기업 계열사 단체 급식 업체들은 막대한 자금력을 바탕으로
조리를 전문하는 공장과 조리한 음식을 배송하는 물류 시스템을 지역별로 구축한 뒤,
소규모 급식 제공 사업장에 음식을 배송하는 방식으로 구조를 바꾸었다.
대기업 계열사 업체들의 효율성은 중소 자영업체들에 비해 극적으로 높아졌다.
소규모 급식 제공 사업장은 조리 전문 인력을 두지 않아도 되었고,
도저히 손익분기점을 넘길수 없었던 중소 자영업자들의 소규모 사업장도
이런 대규모 설비 투자로 흑자를 낼 수 있게 되었다.

현 정부의 주 52시간제와 최저 임금 인상으로 인하여
단체 급식 서비스를 제공하고 있던 기존의 중소 자영업자들은 급속히 쇠퇴하고 있으며,
그들이 영위했던 소규모 사업장까지 대기업 계열사들이 속속 인수를 하면서
산업은 재편이 되고 있는 중이다.
이런 추세가 계속 이어진다면
몇 년 뒤에는 몇몇 대기업 계열사 단체 급식 제공사 위주로
산업이 재편될 것으로 보인다.
산업 재편이 완료된 뒤에는 이들 업체들의 매출은 크게 증가할 것이며,
수익성까지 개선된다면 그 때는 주가도 크게 상승할 것으로 전망된다.

한편으로는 안타깝지만
현실입니다.

아, 그런 사실이….

주 52시간은
사무직으로 출퇴근하는
직장인들을 기준으로
만든 것 같아요.

지방의 논공 단지에 가면
월, 화, 수, 목, 금 일하고
금요일 오후에
집에 가는 사람들이 많거든요.

전에는 회사 주변에 술집도 없고 노래방도 없는 데다
일 끝내고 기숙사 들어가봐야 재미도 없으니까
밤 10시, 11시까지 야근을 했다.

전에는 야근 수당이 붙고 초과 근무 수당이 붙어서 좋았는데,
정부 방침대로 하니까 수입도 줄고
평일 작업이 끝난 후 집에 갈 수도 없다.

사장들 입장에서도 한심하다.

이런 걸 원한 게
아니었는데….
하지 않으면
감옥 간다니까.

어쩌자고 이런 걸
만들었는지, 원!

삼성전자도 시간 되면
알람이 울린대요.

귀하는 더 이상 근무하면
문제가 되니까
빨리 퇴근하시오.

서울에서 기흥으로 출퇴근 버스가 있었는데
밤에 이용해야 할 퇴근 버스를 없애버렸다.

삼성전자의 경쟁자는
한국 기업이 아니고
애플이거든요.

우리가 52시간 지키면
애플도 그렇게 하나요?

일 많기로 소문난
기업입니다.

삼성전자는
밤 10시면
불 꺼져 있고
애플은
11시가 되어도
불이 켜져 있어요.

경쟁에서 한번 뒤처지면
영원히 뒤처지는데
우리는 막혀 있어서
개발이 지지부진한 사이에
경쟁사가 앞서 나가버리면
끝나는 거예요.

까라면 까라니
깝깝해.

중국과 사드 문제로 국내 경제가 어렵다.

허나 이것은 위기일 수도 있고
투자의 기회일 수도 있다.

인도에서 대박 수주를 받은
통신 장비 회사를 방문했다.

대박 수주….
어떻게 된 겁니까?

왜냐면….

중국이 사드 문제로 시비를 거는 것이
한국뿐만 아니라
중국과 국경을 맞대고 있는 나라에
모두 문제를 일으키고 있는 겁니다.
베트남, 필리핀, 인도 등.

우리 회사가 생산하는
통신 장비라는 것이
군사 장비 중에서
가장 대표적인 것이죠.

인도가 중국에 통신 장비를 수주했는데
중국하고 사이가 나빠지니까
통신 장비를 받아 쓰다가
문제가 생기면 복잡해질 수 있다고
생각한 겁니다.

그래서 중국이 아닌
싸고 좋은 통신 장비를
찾다 보니까
한국까지 오게 된 겁니다.
중국의 사드 덕을
본 것이죠, 하하!

주식투자는 흩어져 있는 각종 정보를 놓치지 않고
분석해야 성공할 수 있다.

모든 사물의 앞면은 물론 뒷면의 그림자까지 봐야 한다.

가치 평가의 대가 백지윤 김철광

개정판 1쇄 발행 2025년 6월 20일

글·그림   허영만

펴낸이   신민식
펴낸곳   가디언
출판등록   제2010-000113호

CD   김혜수
마케팅   남유미
디자인   미래출판기획

종 이   월드페이퍼(주)
인쇄 제본   (주)상지사P&B

주 소   서울시 마포구 토정로 222 한국출판콘텐츠센터 419호
전 화   02-332-4103
팩 스   02-332-4111
이메일   gadian@gadianbooks.com

ISBN   979-11-6778-157-4 (03320)